AF249739

PRÉCIS

Sur l'affaire de l'ex - Commissaire des Guerres VIANY, pour faire suite à son Mémoire imprimé.

PAR l'effet d'une intrigue, je fus traduit à un conseil de guerre, accusé de prévarication dans mes fonctions ;

1°. Pour m'être rendu dépositaire de fonds appartenant à la république, provenant de vente de chevaux ;

2°. Pour avoir emprunté du citoyen Picot, garde-magasin des vivres, une somme de 3,000 fl. (1).

Le jugement intervenu contre moi porte :
« Le conseil, considérant que ledit Viany
» a versé dans la caisse de la république
» le montant de la vente des chevaux, et
» qu'il est constant qu'il est redevable à
» ladite république de la somme de 3,000 fl.,
» sur laquelle il doit être fait déduction de
» celle de 1,474 fl. qu'il a remboursée au
» citoyen Picot,

---

(1) Jugement, page 100 de mon mémoire imprimé, et acte d'accusation ; 21e. piece.

» Condamne ledit Viany au paiement
» de la somme de 1,525 fl. dont il se trouve
» redevable, d'après le paiement qu'il a
» fait audit Picot ; laquelle somme ledit
» Viany sera comptable envers ladite répu-
» blique : le conseil le condamne à la des-
» titution de son emploi de commissaire des
» guerres , et à six mois de prison ».

Est-il un exemple de l'iniquité d'un tel jugement ? A l'énoncé seul il est constant que je
ne pouvois être accusé de prévarication dans
mes fonctions, que sur le fait du versement des
fonds produits de la vente des chevaux. Le
conseil de guerre a reconnu , d'après l'instruction de la procédure, le vuide et le faux
de cette inculpation (2), et cependant il m'a
condamné comme prévaricateur dans mes
fonctions , pour un fait qui y est totalement
étranger , pour une affaire purement personnelle, totalement étrangere à mes fonctions
de commissaire des guerres, et étrangere éga-
lement à la compétence d'un conseil de
guerre ; une courte explication tirée des
pieces de la procédure va le prouver.

J'avois emprunté 3000 fl. du citoyen Picot ;
je lui en avois fait un billet énonciatif (3).

---

(2) Jugement, page 100 ; plaidoyer , pages 73 , 74.

(3) 6e. et 4e. pieces du mémoire imprimé.

(3)

Le citoyen Picot ne désapprouve point le fait ; tout le cours de la procédure le prouve (4).

Comment le conseil de guerre a-t-il pu se saisir d'une telle affaire ? comment a-t-il pu me condamner comme prévaricateur dans mes fonctions, pour avoir emprunté d'un garde magasin des vivres, pour avoir dans ce cas emprunté d'un particulier ? car ce n'est point en sa qualité que le citoyen Picot m'a fait ce prêt, ce n'est point parce qu'il étoit mon subordonné que j'ai reçu ce prêt de lui pour une affaire qui nous étoit commune (5), non comme fonctionnaires publics tous deux, mais comme particuliers ; pour que, dans ce fait, j'eusse prévariqué dans mes fonctions, il eût fallu que j'eusse employé mon autorité pour me faire remettre cette somme des fonds de la caisse du citoyen Picot, soit en lui en donnant l'ordre par écrit, soit même, si le citoyen Picot eût été assez foible pour cela, en lui intimant l'ordre verbal de me verser 3,000 fl. des fonds de sa caisse. Il n'existe dans tout le cours de la procédure que des preuves toutes contraires à ces voies de fait ; il est seulement et purement prouvé que le citoyen Picot, garde-magasin des vivres, a prêté, de son

____

(4) Entre autres 18e. pièce, et page 77 et suivantes.
(5) Mêmes pièces.

propre mouvement, 3,685 liv. au citoyen
Viany, commissaire des guerres : où est le
délit, où est la prévarication dans cette
affaire? Pouvois-je être justiciable d'un conseil de guerre, pour avoir emprunté au
garde magasin des vivres? Mon créancier
avoit le droit de me poursuivre civilement
pour le retard qu'éprouvoit son rembourse-
ment : l'administration dont il dépendoit
pouvoit même me poursuivre à cet effet,
ayant le droit de saisir les créances du citoyen Picot, ses comptes n'étant point ren-
dus; mais jamais, sous quelque point de
vue que l'on pût envisager cette affaire,
je ne pouvois être traduit à un conseil de
guerre, ni son justiciable pour ce fait : en
admettant même la fable inventée et conduite
par le citoyen Picot, du prétendu dépôt
qu'il m'avoit fait de cette somme (6), je ne
pouvois encore dans ce cas, être justiciable
que des tribunaux civils.

Ce n'est point le citoyen Picot, ce n'est
point son administration qui m'ont dénoncé,
qui m'ont poursuivi, c'est la haine, la ven-
geance personnelle. Le croiroit-on? c'est l'ordonnateur en chef Malus, qui clandestinement m'a dénoncé au général commandant la

____

(6) Pages 91 et suivantes, pièce 173.

(5)

division dont j'avois l'administration, qui implore l'autorité de ce général , pour me faire
surveiller, pour éviter ma fuite , dit-il , non
pour cause des faits cités ci-dessus , mais
pour des différends d'intérêts personnels
entre un de mes secrétaires et moi (7). Telle
est l'origine de l'intrigue qui m'a d'abord
poursuivi pendant trois mois , qui m'a fait
subir toutes les injustices les plus vexatoires,
qui m'a fait traduire à un conseil de guerre ,
induit en erreur , et entraîné à se saisir et
juger militairement une affaire civile , intrigue qui fait donc rendre par ce conseil de
guerre un jugement inique , monstrueux, un
jugement contraire à tous les principes et
aux plus foibles connoissances d'administration.

J'étois lié, pour des affaires d'intérêts particuliers , avec un homme à qui j'avois bien
voulu donner la qualité de secrétaire auprès
de moi (8) ; après en avoir été long-temps
trompé dans mes intérêts privés , je le fais
arrêter ensuite d'une escroquerie qu'il me
fait (9) ; il s'adresse à l'ordonnateur Malus
qui , ainsi que je l'ai dit plus haut , me dé-

____

(7) 11e piece.

(8) Page 63 et suivantes.

(9) Pages 68 et 69.

nonce sourdement , et implore l'autorité du général Laurent contre moi , jusqu'à ce que mes différends d'intérêts avec mon secrétaire soient terminés (10).

L'ordonnateur Malus a donc commencé à me poursuivre clandestinement pour une cause entiérement étrangere au service , pour une affaire qui ne le regardoit en aucune maniere ; car de quel droit l'ordonnateur Malus se mêle-t-il de mes différends d'intérêts particuliers avec mon secrétaire ? de quel droit s'arroge-t-il la puissance de provoquer contre moi, pour ce seul fait, des mesures de surveillance et même de rigueur ? quelle est donc l'influence maligne dans laquelle il a sans doute été entraîné ? quelle est la cause qui provoque l'ordonnateur Malus à me donner un ordre de service pour une destination nouvelle , et à m'écrire des lettres amicales dans le même tems et par les mêmes couriers qu'il expédie au général Laurent pour me dénoncer clandestinement (11) ?

Le général Laurent , entraîné sans doute aussi par la premiere lettre de l'ordonnateur, sur mes différends d'intérêts entre mon secrétaire et moi , entre dans l'intrigue ourdie et commencée alors contre moi ; il en résulte

---

(10) 11e. piece.
(11) Page 15 et suivantes du mémoire.

(7)

une seconde dénonciation encore secrette du même ordonnateur au même général , motivée sur les deux faits de la vente des chevaux et de la dette que j'ai contractée envers le citoyen Picot (12).

Ensuite de ces renseignemens , je suis dénoncé officiellement par le général Laurent au général en chef ; je suis mis sous la garde d'un gendarme (13).

Le général en chef adresse cette piece au ministre de la guerre , qui ordonne ma traduction à un conseil de guerre , après que des renseignemens auront été pris sur cette affaire ; car il est bon d'observer que la dénonciation de l'ordonnateur Malus et celle du général Laurent ne furent appuyées d'aucunes pieces , d'aucunes preuves que la présentation inexacte et méchante des faits , et la signature des dénonciateurs.

Les renseignemens sont fournis et adressés au ministre ; on n'en attend point le renvoi : le général Laurent ordonne la convocation du conseil de guerre , et l'instruction de la procédure est faite , non sur la dénonciation officielle du général Laurent , mais sur les lettres secrettes et primitives qu'il a reçues de l'ordonnateur Malus , qui vraisemblablement

____

(12) 12e. piece.
(13) 8e. et 9e. pieces.

ne s'attendoit pas à l'emploi qu'on en feroit pour me faire juger militairement, et pour mettre en évidence le clandestin de l'intrigue qu'il commença contre moi, en saisissant, pour cause, des différends entre mon secrétaire et moi. Les pieces fournies en renseignemens, d'après l'ordre du ministre, ne parurent point non plus dans la procédure; elles furent remplacées par tous les matériaux que purent rassembler les personnes par lesquelles j'étois poursuivi (14). Tous les membres du conseil, convoqués par l'ordre du général Laurent, avoient été nommés par lui, ce qui est contraire à tous principes de justice, principes consacrés par un arrêté du directoire sur une affaire à-peu-près semblable (15).

Tel est le précis d'une affaire sans exemple. Mon mémoire imprimé et les pieces en donnent le développement, et prouvent que j'ai

____

(14) Voir le développement de l'intrigue dans le mémoire imprimé.

(15) L'ordonnateur Rabel, chargé de la division du général Collaud, est dénoncé par ce général et traduit au conseil de guerre de la même division : un arrêté du directoire a renvoyé le commissaire des guerres Rabel à être jugé par le conseil de guerre de la troisieme division de l'intérieur, fondé sur les principes qui s'opposent à ce que la même autorité qui a dénoncé ne concoure point à la nomination des juges.

été jugé militairement, destitué comme prévaricateur dans mes fonctions , pour une
affaire particuliere , étrangere à mes fonctions , et qu'elle n'a été que le prétexte dont
s'est servie une intrigue provoquée par un de
mes secrétaires qui avoit besoin de se débàr-
rasser des discussions d'intérêts que nous
avions ensemble, intrigue saisie et fomentée
par l'ordonnateur en chef Malus , pour se
venger apparemment de jalousies et haines
personnelles , dont je le défierois de citer
des motifs recevables, s'il en est jamais pour
de telles causes.

J'ai été traduit à un conseil de guerre ,
parce qu'on a cru pouvoir m'y traduire en
réunissant des délits administratifs avec des
inculpations civiles , en vertu de la loi du
13 brumaire dernier , qui rend les commis-
saires des guerres justiciables des conseils de
guerre : cette loi s'oppose à la cassation et
même à la revision de ces jugemens ; mais
les législateurs ont-ils jamais pu prévoir que
les autorités chargées de l'exécution de cette
loi , en abuseroient au point de s'en servir
pour traduire un fonctionnaire public à ce
tribunal, pour une cause dont il ne peut
connoître, dont la loi lui défend même l'instruction ? Le conseil de guerre , après m'avoir
jugé sur les délits de prévarication dans mes

fonctions, n'avoit point le droit de me juger pour d'autres délits. Si telle est mon affaire, puis-je être victime d'un arbitraire aussi tyrannique ? la justice et la sagesse du gouvernement peuvent-elles le souffrir ? Si la loi a été violée à ce point, ne dois-je pas être rendu à mes fonctions, à mon honneur compromis, à ma réputation assurée depuis dix-huit années effectives de service, aux droits que j'ai mérités de continuer à servir la république ?

A Paris, le 10 Fructidor, an cinquieme de la république.

L'ex-Commissaire des Guerres,

V I A N Y.

De l'Imprimerie de F. PORTE, rue J. J. Rousseau, No. 11, vis-à-vis la Poste.

9 782014 061222